LOVE
Romantic
CITIES
Paris & Venice

Love Romantic Cities Paris & Venice 2 in 1 Adult Coloring Book for Mindfulness

First published in Great Britain in 2017 by Elmsbury Publishing UK

Copyright © 2016, 2017 Elmsbury Publishing UK

ISBN 978-0-9574878-6-4

Love Paris Adult Coloring Book for Mindfulness

Copyright © 2016 Elmsbury Publishing UK

ISBN 978-0-9574878-3-3

Love Venice Adult Coloring Book for Mindfulness

Copyright © 2017 Elmsbury Publishing UK

ISBN 978-0-9574878-5-7

ELMSBURY

www.elmsbury.com

Love

PariS

METROPOLITAIN

Is there a more romantic city than Paris?
Venice is surely a close contender, but Paris offers an abundance of
inspiration for coloring designs, from its architecture, art, culture,
fashion, cityscape, people...the list goes on and on.

One of my favorite places to find great design is actually on the ground!
Parisian buildings feature some of the world's most beautiful mosaic
floors, so I've included a few in this collection.

The coloring pages in this book are on one side so you can cut out your finished
work if you want to without destroying anything important on the reverse. Many
of the pages have titles (so you know which bit of Paris you are coloring in,) but you
can cut around these too.

These pages are suitable for colored pencil, crayon and water based ink. If you want to
try anything heavier I recommend placing a piece of paper or card under the page and
using this page as a test page.

Louisa

Jardin des Juileries, 1783

Le Petit Palais, Musée des Beaux-Arts de la Ville de Paris

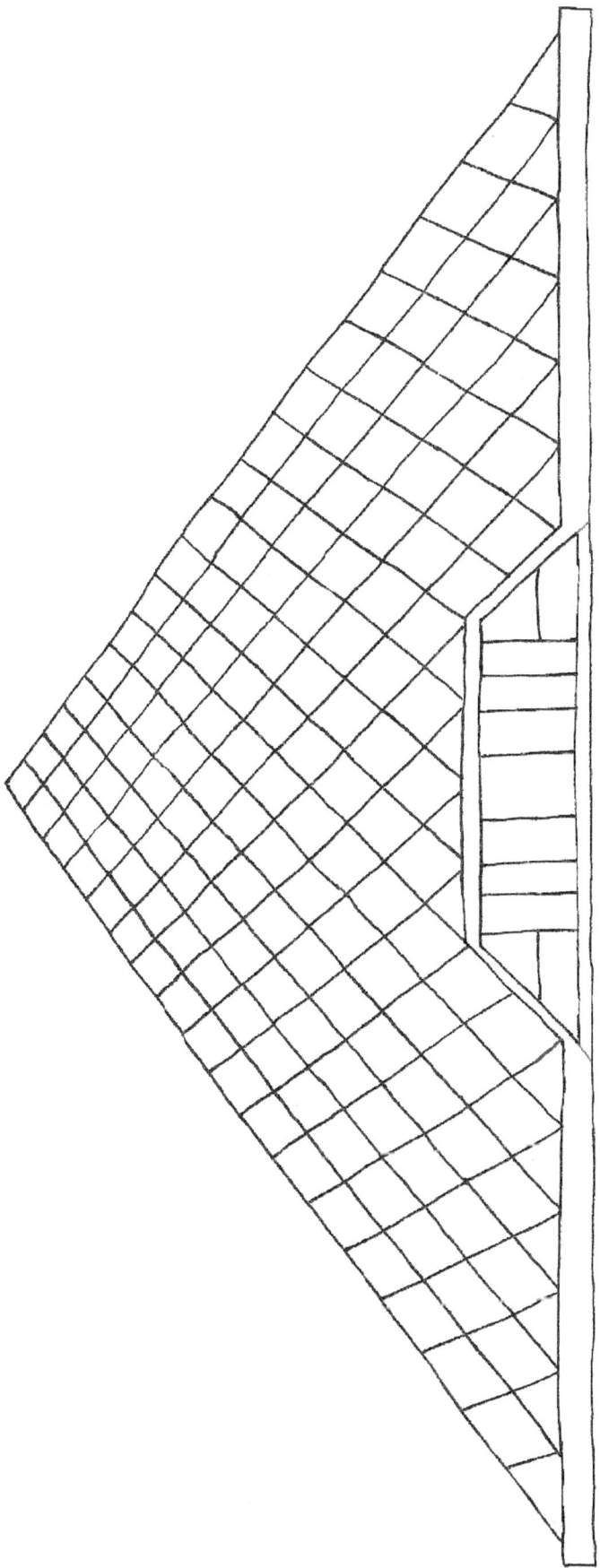

Musée du Louvre

L´Orangerie du Château de Versailles

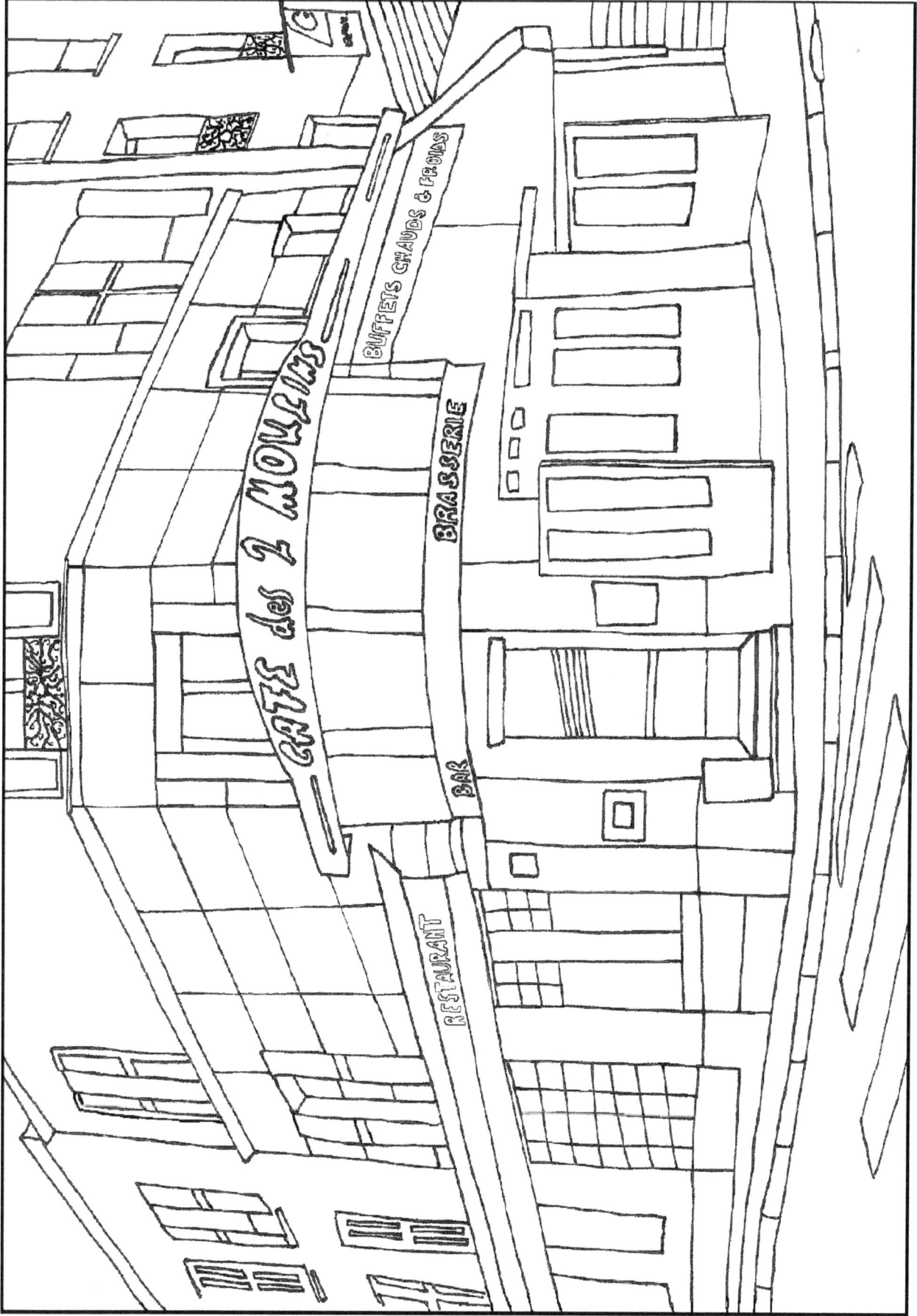

Café des Deux Moulins

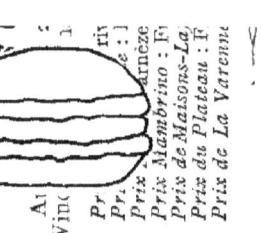

en poussant des vivats et des clameurs, gagna les vastes salles à manger et s'éparpilla en groupements sympathiques autour d'une multitude de tables luxueuses fleuries.

Sur ces tables [un] menu orné d'un présentant spirituel en même temps ?... [de] suite l'espri[t] You de la comédie [Ro]bert de Flers et Emmanu[el] ...

Je renonce à vous donner une idée de l'aspect féérique que présentait alors cette foule de je[unes] actrices aux parures brillantes et costumes masculins variés à l'infini, et échangeant d'une table à l'autre [des] propos joyeux et des répliques [sou]vent spirituelles !

A la table d'ho[nneur] le magnifique ses ... [c]ôtés Min[...] Lende[...] et Mily Mayer, B[...] savourer l'excellen[t...] portage, j'avoue à ma ... voir pas songé à noter exactement le nom de toutes les belles invitées ; au reste, mes deux manchettes et mon plastron n'y auraient pas suffi. Cependant en forçant mon souvenir, je vois p[as]ser devant mes yeux fermés, se suivant en théories suggestives [et] galantes :

Mmes[...] walkiare, Jeanne [...]antelme, en mig[...] gi[...]anlier, charmante [...]illois, si jolie en [...] cow-boy, [...] maine [...]me, fraîche petit[e...]ville, [...] superbe en robe soi[rée...] Betty, ravissante en Espa[...] Ginette, exquise en Mexicaine ; Ug[...]velte en amhaeron royal ; Juliette Clarens, toute gracieuse en Leoni[...] de Bohémes ; Corcinde, éclatante en fleur [é]carlate ; Faber, très belle en dame Louis XV ; Delza, toute séduisante en son originale toilette premier Empire.

Mais comment sortir de ce recensement monstre sans avoir recours à l'alphabétique ? Et je note :

Mmes d'Argy, A[...] A[...]higny, Arnou[...] [...]ernay, Campton, [...] Gaby Boissy, Bara[...] Paul Boyer, Debacke[...] Terys, Debrenne, Dervi[...]-Dalti, M. Durand, Dopas, Ad. Dore, Destrelles, Delmarès, Demany, D[...]barolles, Rose Demay, Ch. Dix, Denours, Dauel, Delyane, Fursy, Gilbotte, Garoda, Guillemin, Guérin, Guardia,[...] Heffter.

---

nos bras toutes en écharpe, parmi la complaint[e] des sages pêcheurs à la ligne et des naturalistes navrés, nous dictâmes nos premières volontés à tous les hommes vivants...

pour accomplir notre tâche. Quand nous aurons quarante ans, d'autres jeunes et plus vaillants que nous veuillent bien nous [jeter au] panier comme des [ma]nuscrits [inutiles.]

Mais nous ne serons pas là. Ils nous trouveront enfin, par [une] nuit d'hiver, en pleine campagne, so[us] un triste hangar pianoté par la pluie monotone, accroupis près de nos aéroplanes trépidants [...] de chauffer nos [...] sera livre que f[...] qui flambant g[...] [...]ant de leurs im[...] Ils [...] à leur de nou[s] et de dép[...] [...]tre fier cou[...] [...]nt pour nou[s] [...] de haine que l[...] [...] et d'admiration, pour nous. Et la forte et la saine Injustice éclatera radieusement dans leurs yeux. Car l'art ne peut être que violence, cruauté et injustice.

Les [...] d'entre nous n'[...] [...]enco[...] et pourtant[...] [...]déjà [...]réssors, des tr[...] [...]force[...] courage et d'â[...] [...]lonté [...] (délire, sans co[...] [...] à tou[...] [...]dre halte[...] Re[...] Nous ne s[...] [...]essou[...] cœur n'a p[...] [...]dre fai[...] car il s'est nourri[...] haine[...] et de vitesse ! Cela vous étonne ? C'est que vous ne vous souvenez même pas d'avoir vécu ! — Debout sur la cime du monde, nous lançons encore une fois le défi aux étoiles !

Vos [...] ? Assez ! assez ! conn[...] entend !! No[...] bien [...]elle et fausse gen[...] [...]ue. — Noifs ne so[...] dit-e [...]sumé et le pro[...] men [...]res.—Peut-[...] Qu'il [...] [...]enten[...]ais nous ne [...]mols l[...] Levez plutôt la [...]

Debout sur la cime du monde, nous lançons encore une fois le défi insolent aux étoiles !

Manife[ste]

1. Nous voul[ons chanter l'amour du] danger, l'habit[ude de l'énergie] et de la témérité.

2. Les éléments essentiels de notre poésie seront le courage, l'audace et la révolte.

3. La littérature ayant jusqu'ici magnifié l'immobilité pensive, l'extase et le sommeil, nous voulons exalter le mouvement agressif, l'insomnie fiévreuse, le pas gymnastique, le saut périlleux, la gifle et le coup de poing.

4. Nous déclarons que la splendeur du monde s'est enrichie d'une beauté nouvelle : la beauté de la vitesse. Une automobile de course [...] ornée de gros tuyaux, tels des serpents à l'haleine explosive... une automobile rugissante, qui a l'air de courir sur de la mitraille, est plus belle que la *Victoire de Samothrace*.

5. Nous voulons chanter l'homme qui tient le volant, dont la tige idéale traverse la terre, lancée à son tour sur le circuit de son orbite.

6. Il faut que le poète se dépense avec chaleur, éclat et prodigalité, pour augmenter la ferveur enthousiaste des éléments primordiaux.

7. Il n'y a plus de beauté que dans la lutte. Pas de chef-d'œuvre sans un caractère agressif. La poésie doit être un assaut violent contre les forces inconnues, pour les sommer de se coucher devant l'homme.

8. Nous sommes sur le promontoire extrême des siècles !... À quoi bon regarder derrière nous, du moment qu'il nous faut défoncer le[s vantaux mystérieux de] l'Impossible ? L[e Temps et l'Espace sont] morts hier. No[us vivons déjà dans l'ab]solu, puisque [nous avons créé l']éternelle vites[se omniprésente.]

9. Nous voulo[ns glorifier la guerre], — seule hygiène du m[onde], — le militarisme, le patriotisme, le geste destructeur des anarchistes, les belles Idées qui tuent et le mépris de la femme.

10. Nous voulons démolir les musées,

The Chanel Building, 31 Rue Cambon

FLEURS

The South Rose Window
Notre-Dame de Paris

SAINT CHAPELLE

Fruits et Legumes

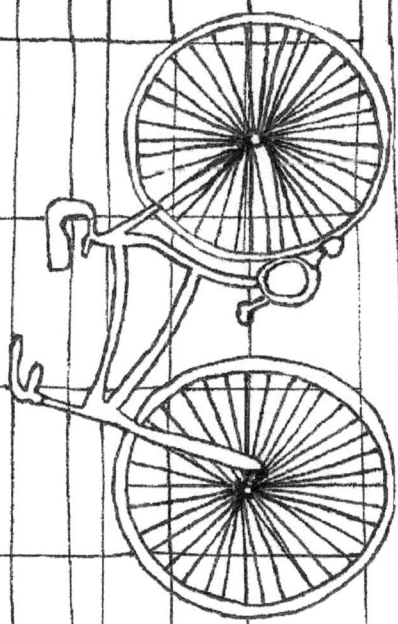

L'amour à Paris

Saint Chapelle West Rose Window

The Royal Chapel, Palace of Versailles

Arc de Triomphe de l'Étoile

RUE
DES FRANCS
BOURGEOIS

4. ARR!

RESTAURANT

Le Marquis

Le Marquis

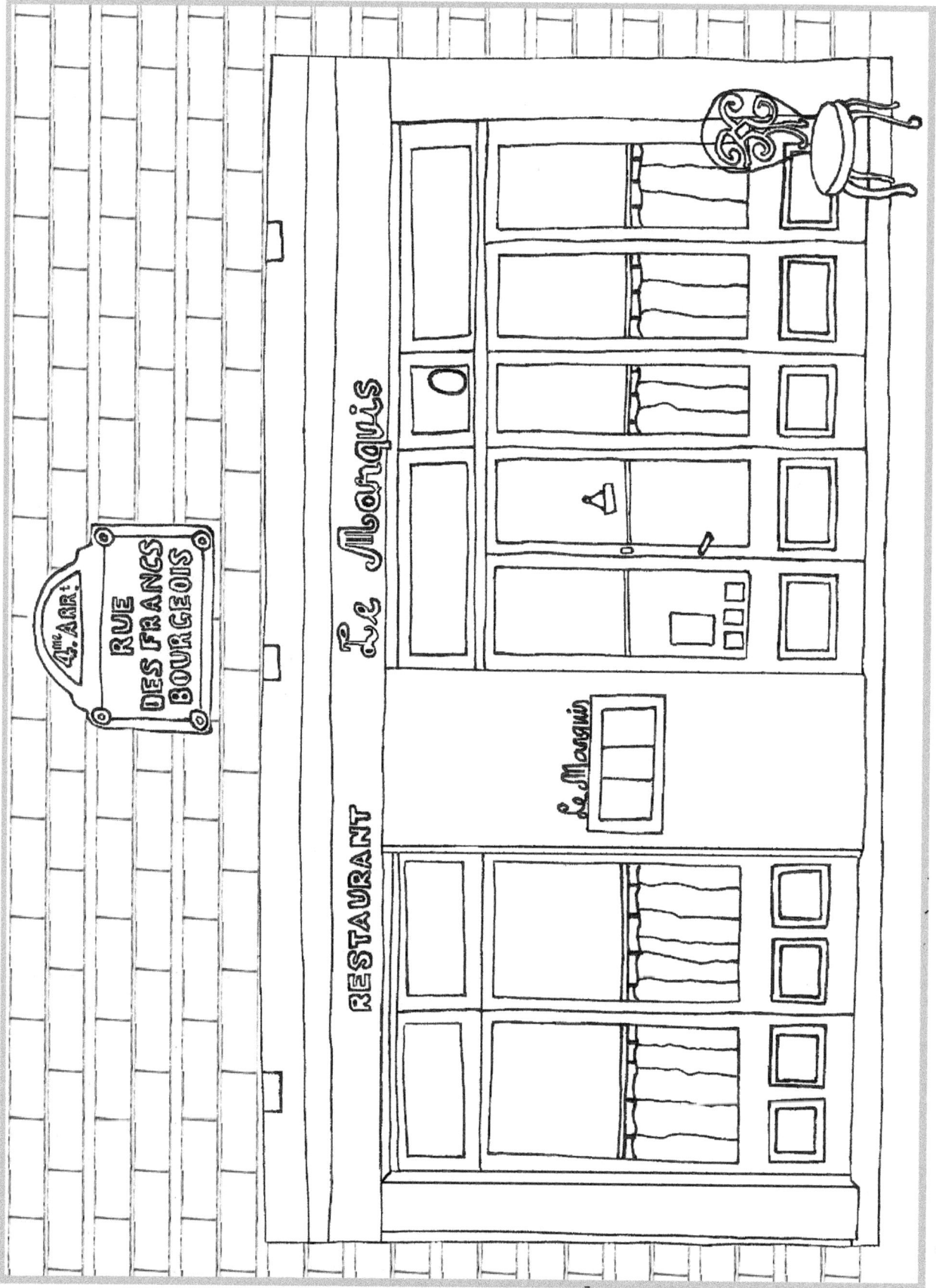

The Me Before You Cafe, Le Marais district

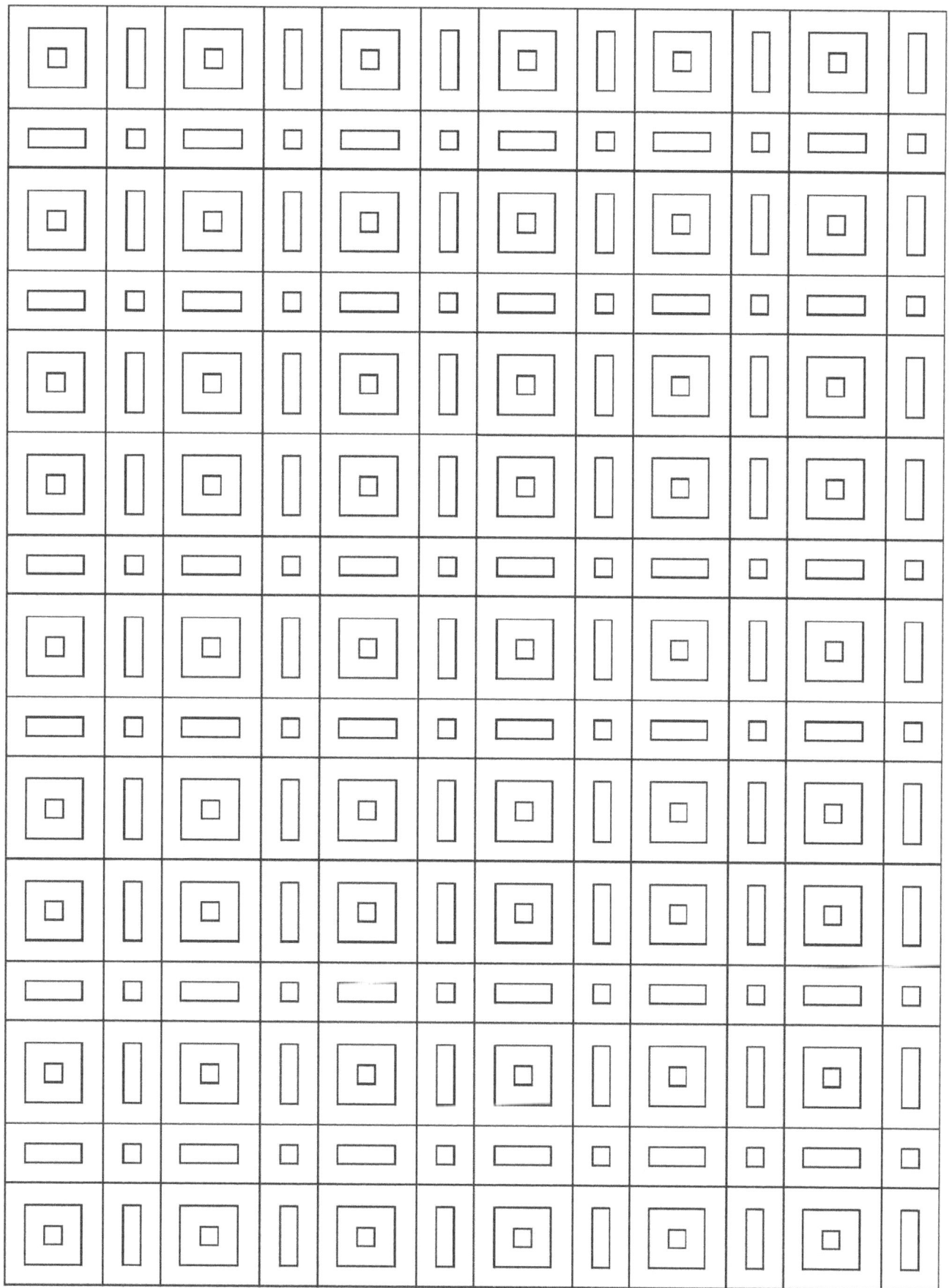

Cour de Mabre ~ The Marble Courtyard, Palace of Versailles

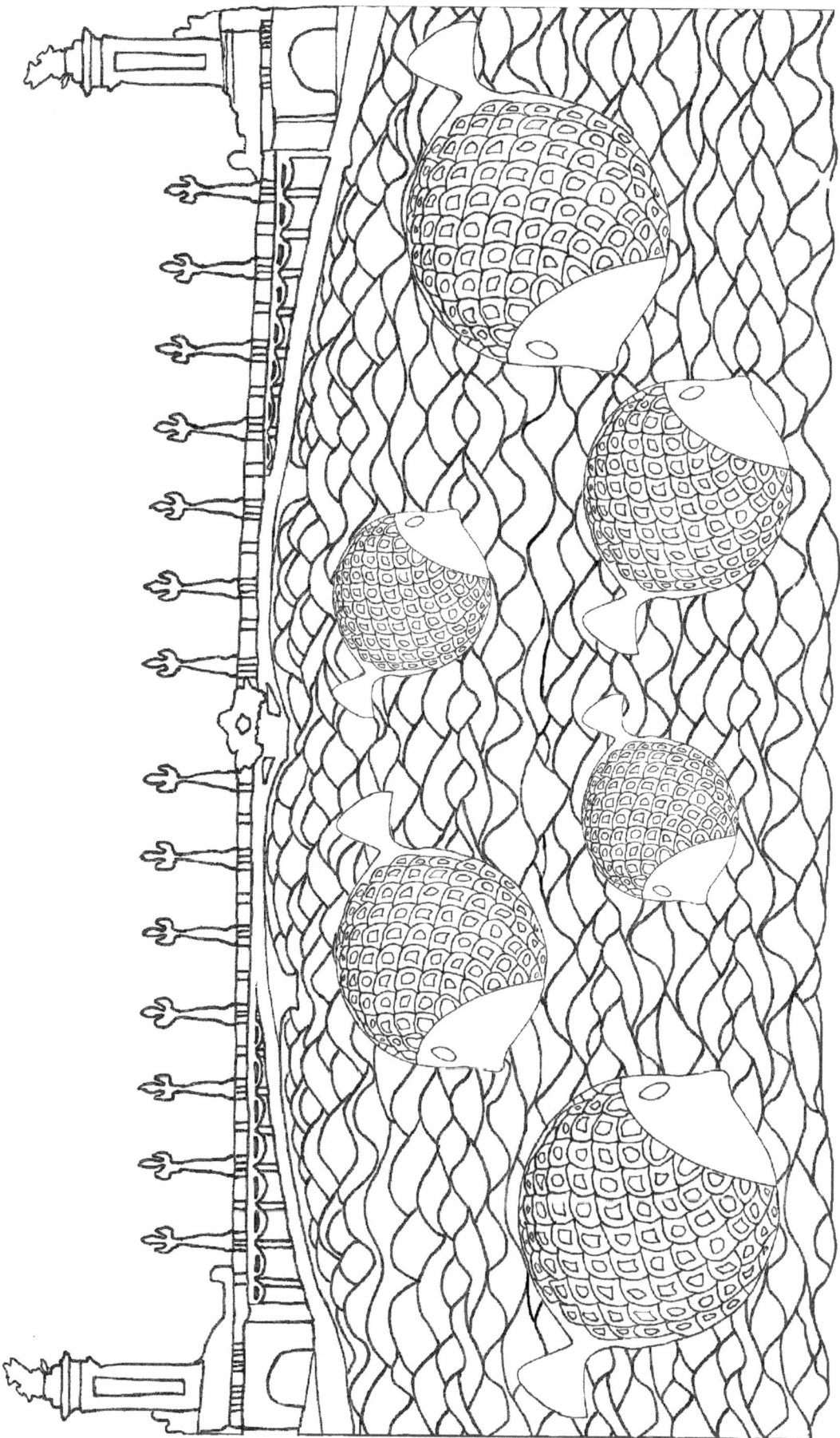

Pont Alexandre

Avenue des Champs Elysées

Cathédrale Notre Dame de Paris

West Facade

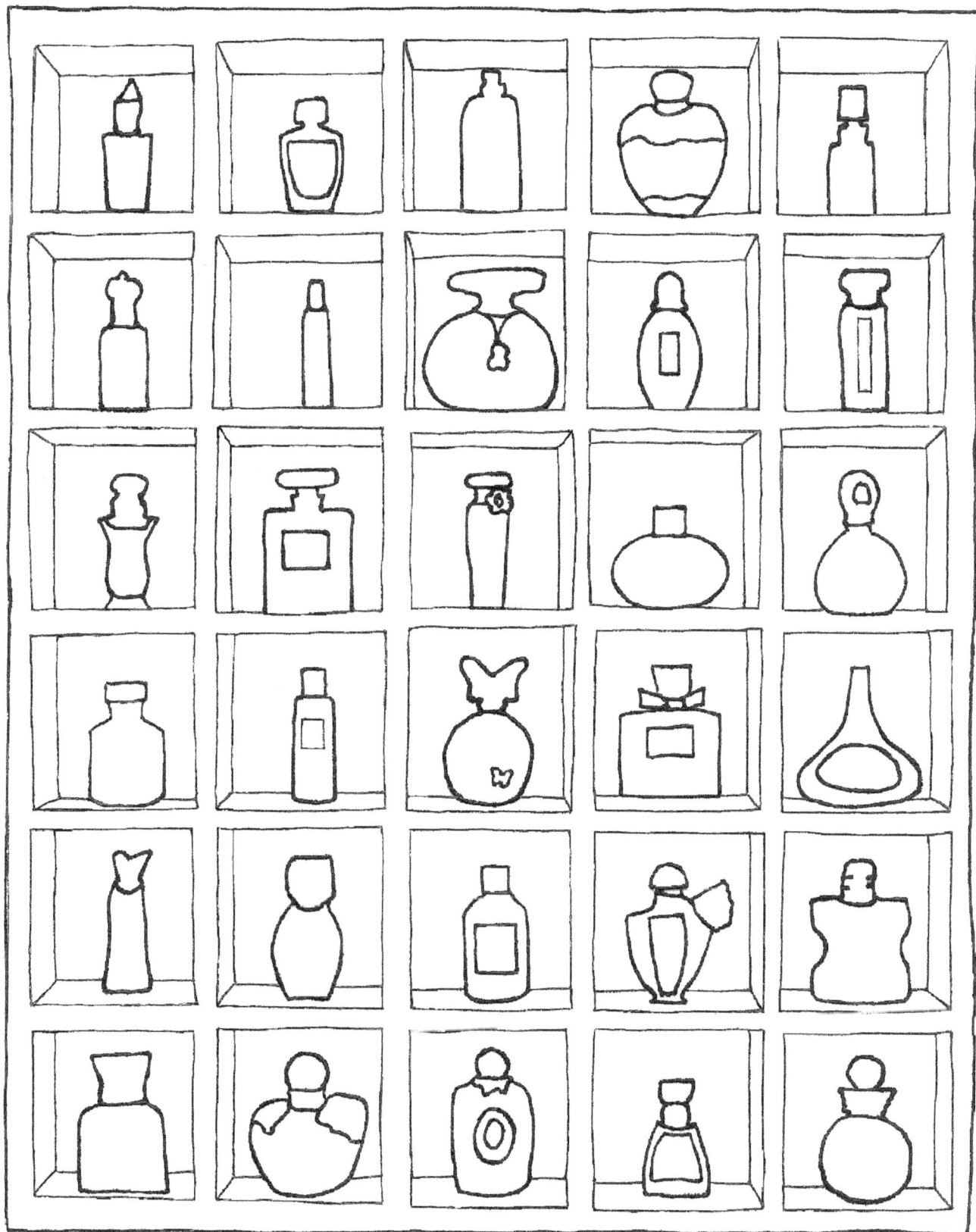

Moulin Rouge

Underneath the Eiffel Tower

LOVE
VENICE

FLORIAN

VENICE

Venice, the City of Water,

offers incredible inspiration for coloring designs from its architecture, art and culture.

The floor mosaics in Venice's most beautiful buildings provided some of the best designs for coloring pages, perhaps even more so than Parisian flooring did when I was researching the Love Paris Adult Coloring book.

The coloring pages in this book are on one side so you can cut out your work if you wish. Some of the pages have titles, (so you know which bit of Venice you are coloring in,) but you can cut around these too.

The pages are suitable for colored pencil, crayon and water based ink. If you want to use anything heavier, I recommend placing a piece of card under the page and using this page as a test page.

Louisa

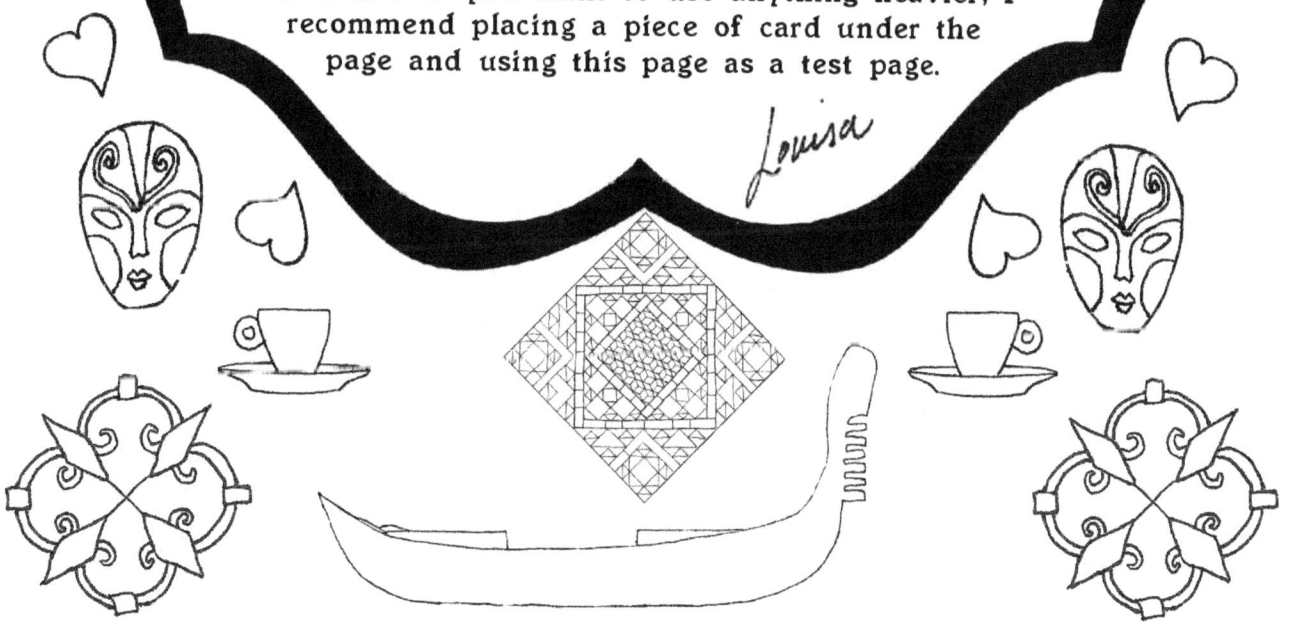

Mappa di Venezia

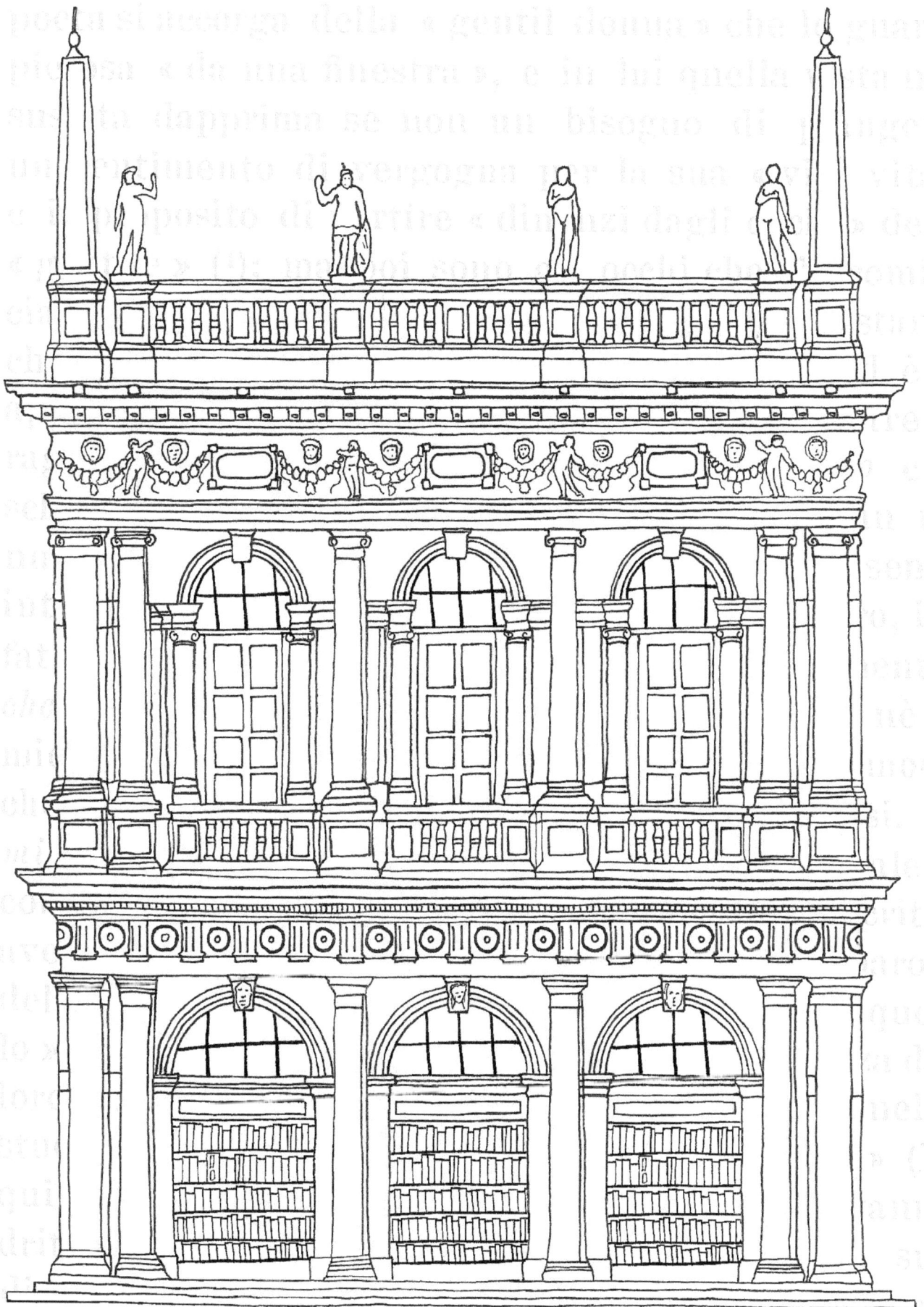

TORRE DELL'OROLOGIO

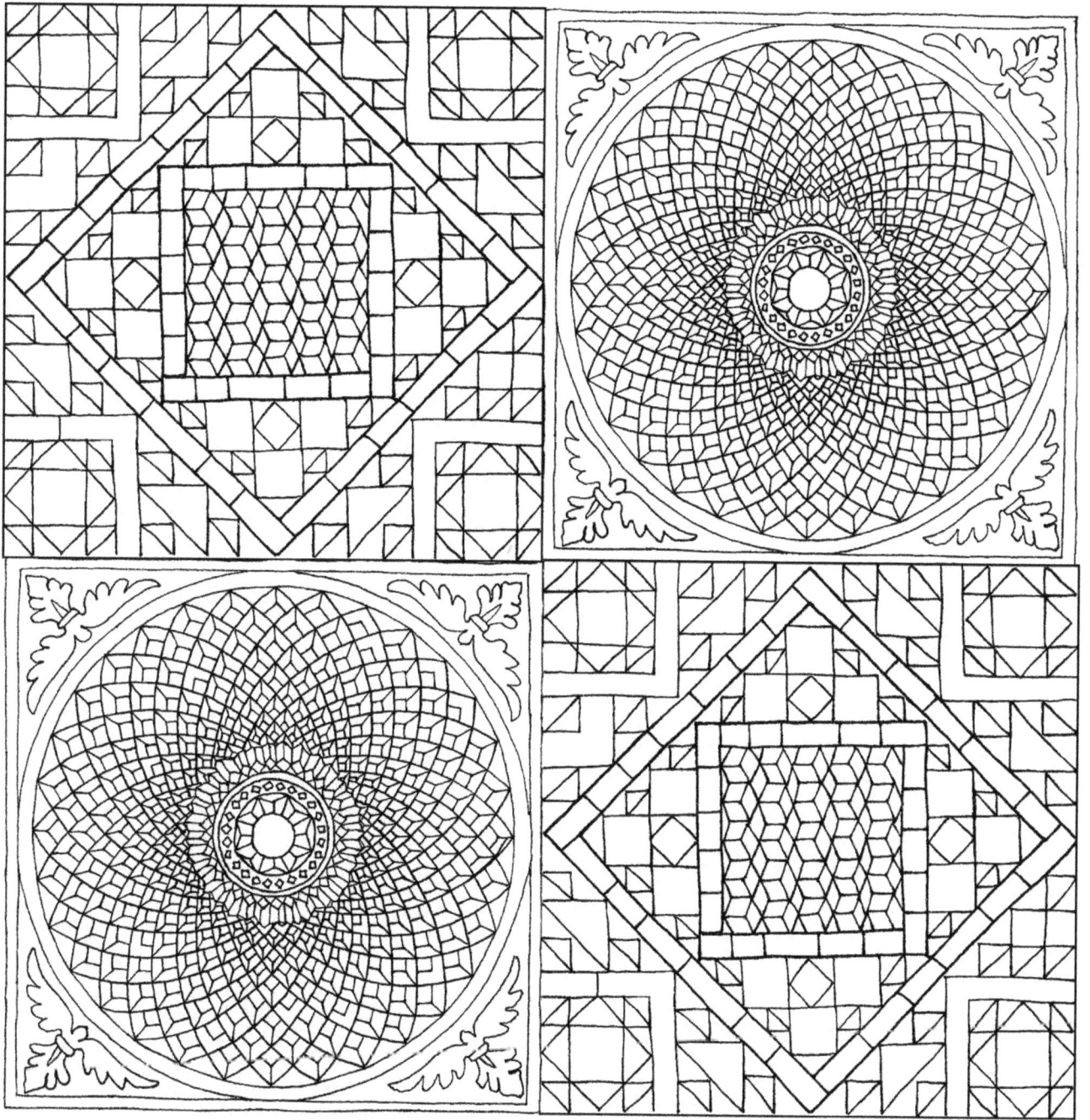

SAINT MARK'S BASILICA

Basilica di San Marco

Carnevale di Venezia

PALA D'ORO

Santa Maria della Salute

PAVLO BARBO M ANT MAVROCE NO

ILEONARDO LAV E VENET DVC

ALEXANDRI LIOPARDI OPVS ANNO

PONTE DI RIALTO
CANAL GRANDE

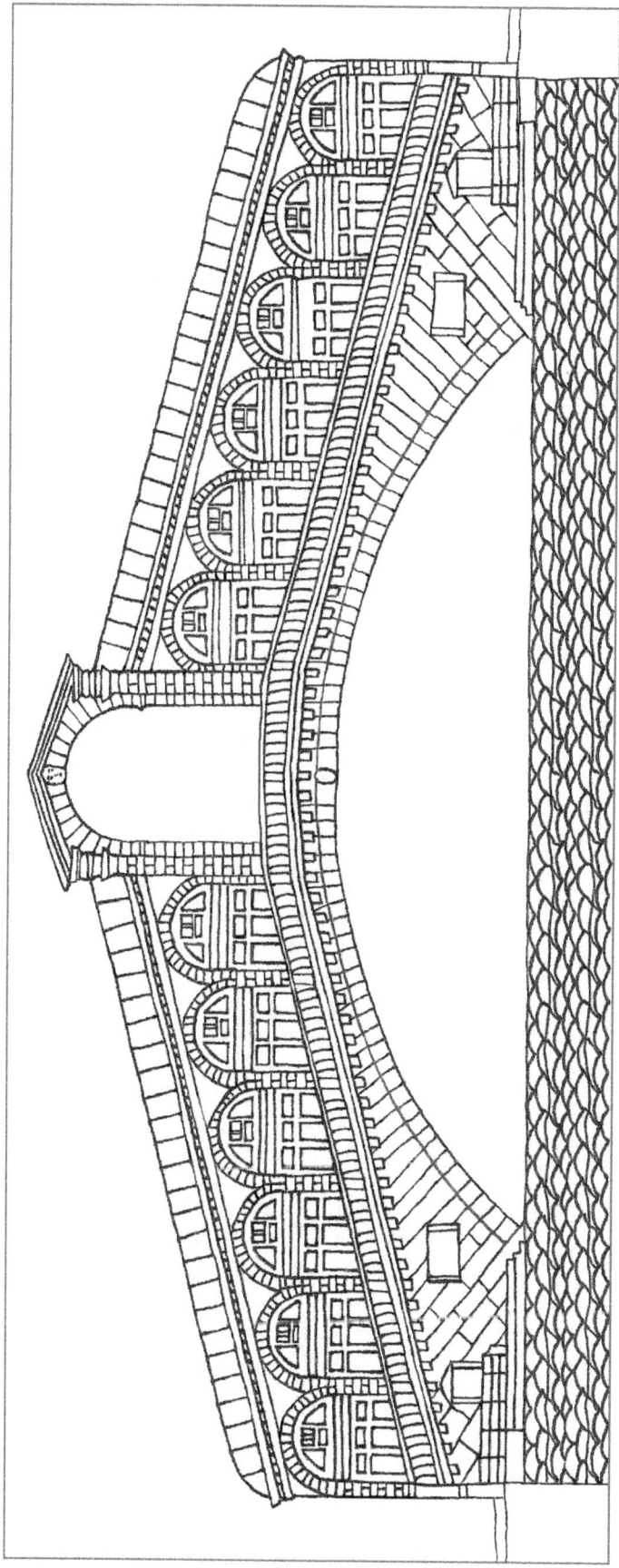

The Chinese Room, Caffé Florian

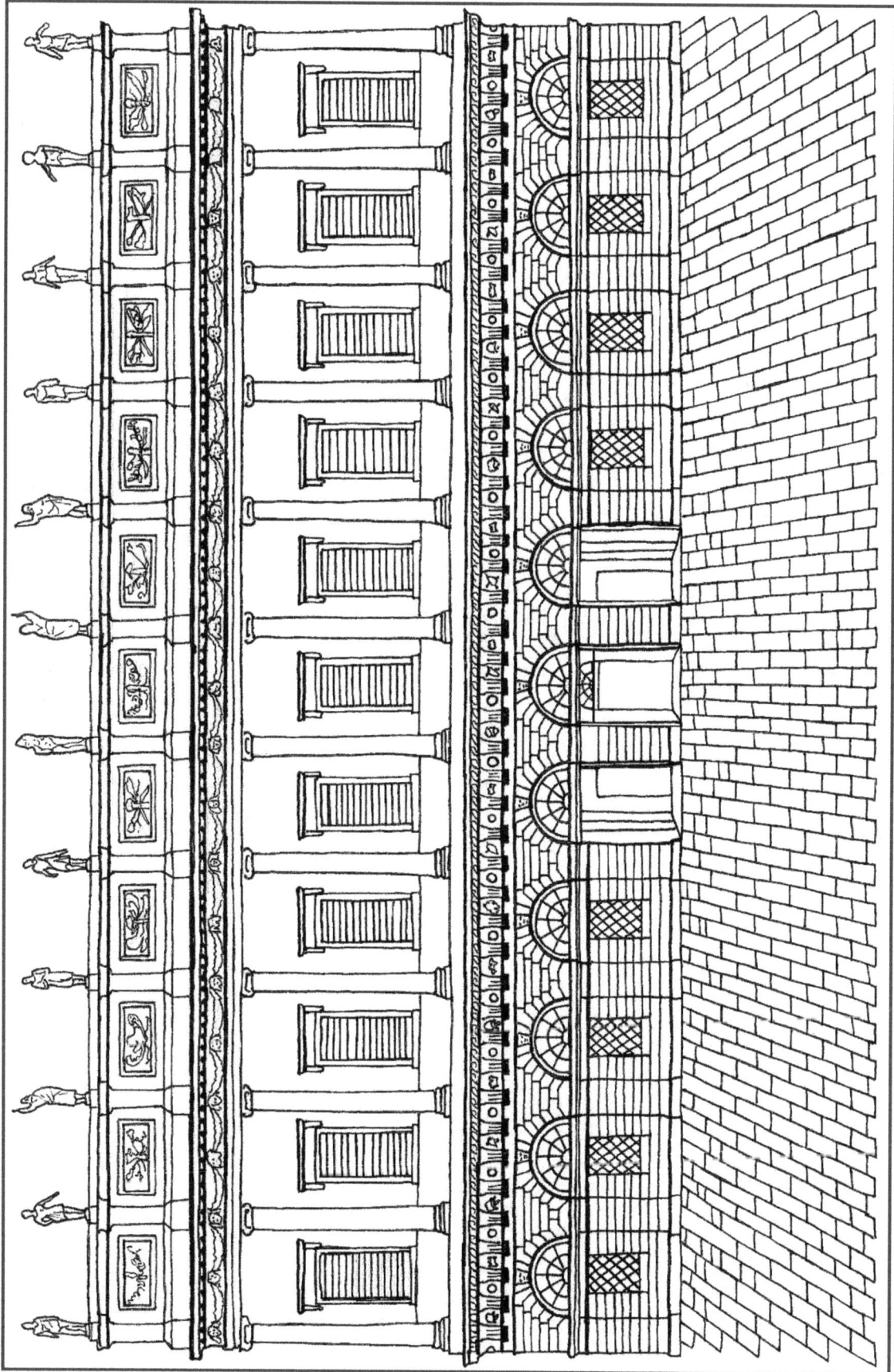

Alliance Française di Venezia

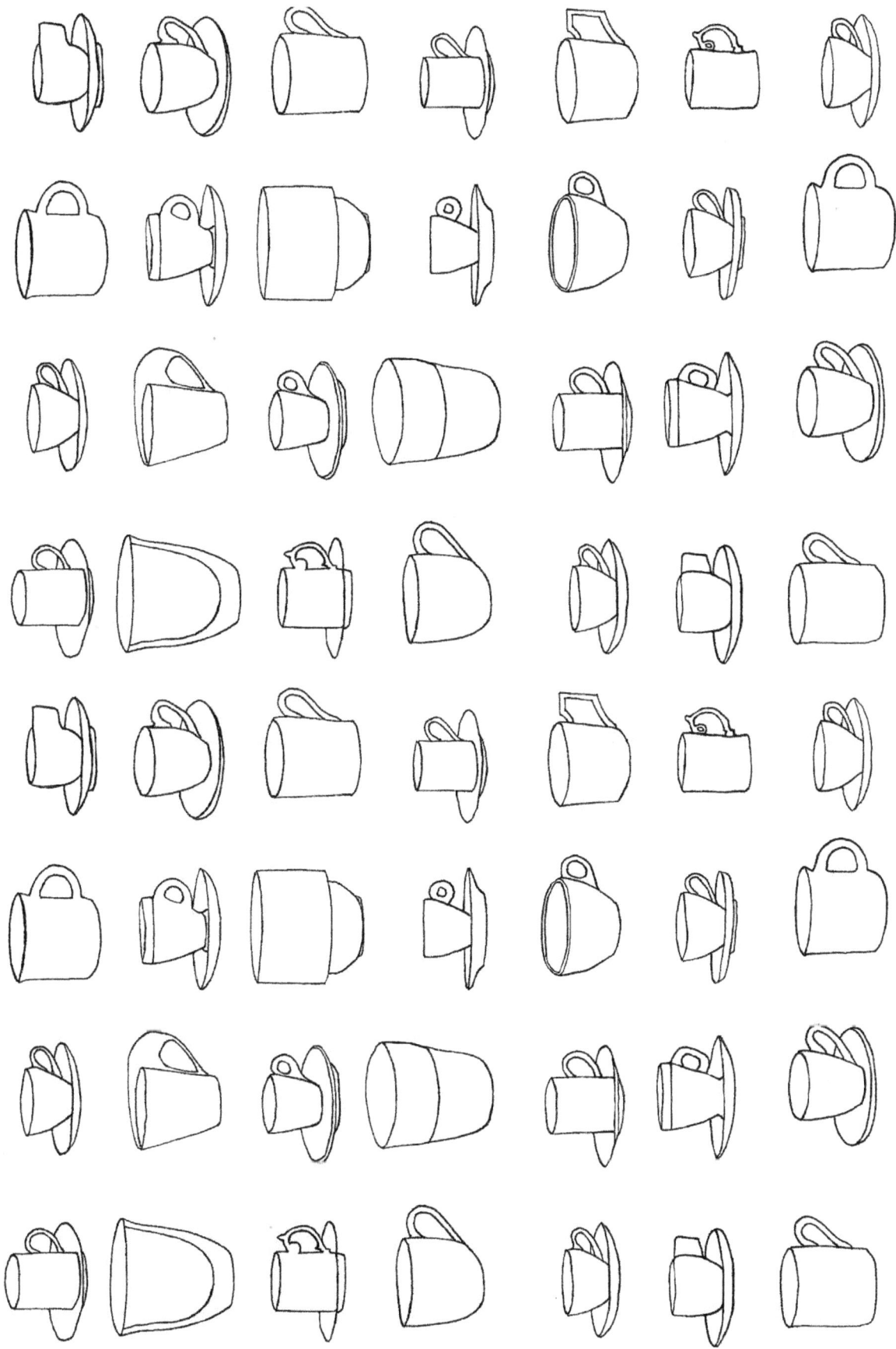